Las Aventuras del Sr. Tom y Zoë
El Sembrador

Mateo 13, Parábola del Sembrador.

Escritora y Diseñadora
Luisette D.C. Kraal

Drs. Luisette D.C. Kraal RN, B.Th, M.Th.
Derecho de Autor © 2015 Ministerio Salvo para Servir.
Todos los derechos reservados.

Diseño : Dajo Graphics.
Fotografía : earthenvesselphotography.com
Para más información : www.luisettekraal.com
ISBN-13:978-1508412359
ISBN-10:1508412359

Las citas bíblicas identificadas (DHH) han sido tomadas de la Dios habla hoy® – Tercera edición © Sociedades Bíblicas Unidas 1966, 1970, 1979, 1983, 1996.

Gracias,

Al igual que con todos los libros, se necesita un equipo de personas comprometidas a ayudar a un libro para crecer y ser publicado.

En este caso, la semilla fue plantada hace muchos años por uno de mis maestros, Michelle Adams, cuando vio mis pinturas, me recomendó escribir una buena historia para publicar. Seguí su consejo y hoy tenemos este libro.

Un enorme agradecimiento va para mi hija Jo-Hanna para su aporte durante años hasta que finalmente se concretó esta versión. También me ayudó mucho con las pinturas, y con las ideas. "Sr. Tom" es tanto suyo como mío.

¡Agradezco mi profesora de arte, Nancy Miller Johnson, de la Universidad Bautista de las Américas, quien me introdujo al arte, trabajando con papel de seda y pintura acrílica! ¡Gracias a mis buenos amigos Emerson y Megan, de Texas, que siempre está ahí para ayudar a nuestro ministerio. También agradezco a Pablo y Pili que me ayudaron a corregir y mis amigas Gianina y Rosa Lidia para su sostén.

¡Gracias a todos!
Ruth 1:8
...Que el Señor las trate siempre con bondad, como también ustedes nos trataron a mí y a mis hijos...

Mateo 13:3-8

La parábola del sembrador

13 Aquel mismo día salió Jesús de casa y se sentó a la orilla del lago. 2 Como se reunió mucha gente, Jesús subió a una barca y se sentó, mientras la gente se quedaba en la playa. 3 Entonces se puso a hablarles de muchas cosas por medio de parábolas.

Les dijo: «Un sembrador salió a sembrar. 4 Y al sembrar, una parte de la semilla cayó en el camino, y llegaron las aves y se la comieron. 5 Otra parte cayó entre las piedras, donde no había mucha tierra; esa semilla brotó pronto, porque la tierra no era muy honda; 6 pero el sol, al salir, la quemó, y como no tenía raíz, se secó. 7 Otra parte de la semilla cayó entre espinos, y los espinos crecieron y la ahogaron. 8 Pero otra parte cayó en buena tierra, y dio buena cosecha; algunas espigas dieron cien granos por semilla, otras sesenta granos, y otras treinta

Saltando de una pierna a otra, Zoë se asomó de nuevo a través de la ventana. "El día de hoy la Abuela viene a visitarnos, Sr. Tom," dijo ella mientras le puso la gorra del Sr. Tom en su cabeza. Entonces, ella levantó al Sr. Tom alto para que pudiera ver también. Finalmente vieron a la abuela venir.

La Abuela dio Zoë un gran abrazo y muchos besos. Ella tomó al Sr. Tom suavemente de los brazos de Zoë y dijo: "!El Sr. Tom es un maravilloso y agradable oso! Me encanta su camisa verde y gorra roja; ¿es un buen oso, Zoë? "Zoë sonrió, afirmando con un gran movimiento de cabeza, tomando al Sr. Tom de las manos de la Abuela, lo abrazó cariñosamente.

La Abuela dijo: "Zoë, he oído que quieren tener flores en el patio. Yo te enseñaré algo. ¿Quieres dar un paseo por el parque?"

Zoë miró hacia abajo, y arrastró los pies. "Abuela... sabes... algo malo sucedió en el invierno", dijo. "Todos nuestros árboles murieron y tampoco hay flores. Yo no quiero ir mas al parque."

La Abuela sonrió y tomó Zoë de la mano. "Ven conmigo, pequeña," dijo ella. "Yo te mostraré algo especial en el parque", le prometió. En el parque la Abuela se acercó y bajó una rama de árbol marrón y seca para que ellos pudieran verla más cerca. Los ojos de Zoë se hicieron más grandes. "!Oh Abuela, puedo ver algunas pequeñas hojas verdes y algunos brotes en la rama! No está muerto", dijo. Ella sostuvo al Sr. Tom cerca de la rama para que pudiera ver también. "Mira, Sr. Tom, hay vida en el parque... y pensábamos que todos los árboles habían muertos."

La Abuela río y dijo. "No Zoë, el invierno está por terminar; los árboles siguen creciendo y floreciendo y pronto el parque estará verde una vez más, lo prometo."

"Espero que las flores florezcan también," dijo Zoë, "porque el señor Tom y yo queremos ver flores rojas, blancas, rosadas y amarillas."

De su bolso la Abuela sacó un saco verde. "Tengo una sorpresa para ti, Zoë! Ven y siéntate aquí conmigo y te mostraré a ti y al señor Tom cómo podrían hacer crecer sus propias flores", les dijo. Se sentaron en un banco en el parque. El Sr. Tom se sentó en el medio. La Abuela tomó un puñado de pequeñas cosas negras y redondas de su saco y se los dio a Zoë.

Se veían como pequeñas piedras. "Se convertirán en hermosas flores de muchos colores, una vez que las plantemos," dijo la Abuela.

"¿Qué son?", preguntó Zoë. Mostró las pequeñas cosas redondas y negras al Sr. Tom, quien tampoco sabía lo que eran.

"Son semillas. Las necesitan para cultivar flores", dijo la Abuela.

"¿No están muertos?", Preguntó Zoë.

"No, no", dijo la Abuela. "Se ven muertos, pero si las siembras, van a crecer plantas con flores."

"¿Cómo lo hacemos, Abuela? ¿Puede el Sr. Tom ayudarme?" Zoë aplaudió con sus manos.

"Deja que te enseñe una rima para que nunca te olvides cómo plantar las semillas", dijo Abuela.

"Dice así:"

Haz un hoyo en la tierra
Y una semilla allí dejas
Con un poquito de agua riegas
Va a dar flores ya verás
Hay que tener paciencia para esperar,
para que el sol pueda trabajar.

Zoë miró las semillas y pensó un poquito dudosa. ¿Será cierto? Sólo hay que poner las semillas en el suelo, darles agua y dejar que ellas tengan luz solar para que crezcan y tengan flores? No sonaba demasiado difícil. Zoë estaba dispuesta a intentarlo. "¿Vamos a hacer esto, Sr. Tom?", preguntó riendo y abrazó a su saco verde con semillas.

Para Zoë era triste ver a la Abuela irse después del almuerzo, pero estaba dispuesta a usar sus semillas. "Ven Sr. Tom," gritó Zoë y corrió hacia el patio delantero sosteniendo firmemente al Sr. Tom en una mano y el saco con semillas en la otra. "¿Recuerdas lo que dijo la Abuela, Sr. Tom?", preguntó ella y cantó la rima.

*16. Haz un hoyo en la tierra
Y una semilla allí dejas
Con un poquito de agua riegas
Va a dar flores ya verás*
Hay que tener paciencia para esperar,
para que el sol pueda trabajar.

Zoë puso al Sr. Tom en una silla e hizo algunos hoyos en la tierra. Luego tomó un puñado de semillas del saco verde, y lazándolas en el aire, dejando semillas esparcidas por todos lados. Algunas cayeron en los agujeros, y otras en las rocas.

El Sr. Tom miró a Zoë con ojos tristes; Era como que estaba diciendo, "Zoë, recuerda la rima:"

Haz un hoyo en la tierra
Y una semilla allí dejas
Con un poquito de agua riegas
Va a dar flores ya verás
Hay que tener paciencia para esperar,
para que el sol pueda trabajar.

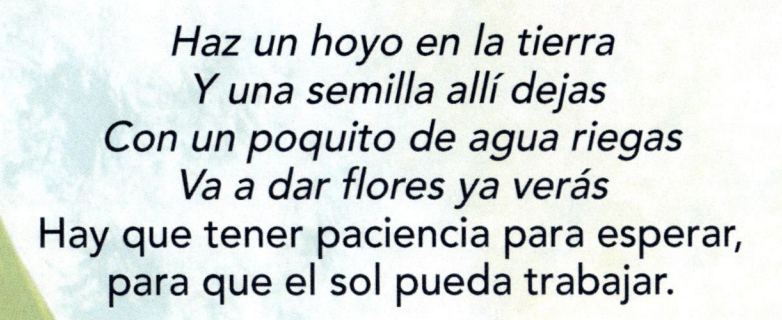

Tomando otro puñado de semillas en la mano, Zoë arrojó más semillas alrededor. Algunas semillas cayeron en el suelo, algunas en las rocas, algunas en el camino de entrada, y algunas fuera del patio. Éstas terminaron en la calle. Zoë miró a su trabajo. Oh, oh..., tantas semillas quedaron fuera de los hoyos.

"Ven, señor Tom," dijo Zoë, "vamos a sentarnos aquí y esperar a que el sol haga crecer las plantas rápidamente."

Esperaron y esperaron hasta que los ojitos del señor Tom y de Zoë comenzaron a cerrarse. Las plantas no estaban creciendo! Cuando Zoë se despertó vio a algunos pájaros picoteando sus semillas! "¡Ayuda!", gritó. Corrió, llevando al Sr. Tom con ella, y espantó a los pájaros.

"¡Oh, no ..." Zoë vio como algunos camiones grandes pasaron sobre las semillas que cayeron en la calle. Zoë se sentó con sus manos en la cabeza, "Algunas de mis semillas cayeron en las rocas, los malos pájaros comieron muchas de mis semillas y algunos camiones aplastaron las semillas en la calle", dijo con lágrimas en los ojos. Zoë recogió al Sr. Tom, y sintiendo derrotada ella regresó a la casa. "Vamos a entrar; No creo que las semillas crecerán. Todo lo que quería era ver flores rojas, blancas, rosadas y amarillas florecer en nuestro patio. Supongo que no hice un buen trabajo."

Unos días más tarde, cuando Zoë salió de nuevo con el Sr. Tom, ella vio algo maravilloso. ¡Había algunas plantas muy pequeñas que crecieron en el patio! ¡Así que algunas de las semillas si crecieron!

!Oh, señor Tom, mira! Nuestras plantas! "Zoë y el Sr. Tom se sentaron en una roca para admirar sus plantas. "Pronto vamos a ver las flores rojas, blancas, rosadas y amarillas," Zoë rió.

El sol estaba alto en el cielo. El rostro de Zoë se puso rojo y comenzó a sudar. El Sr. Tom se miraba sin vida y flojo. Las plantas se miraban tristes también. Algunas de las pequeñas hojas verdes se volvieron de color marrón. El suelo estaba seco y agrietado. ¿Sabes lo que Zoë debería hacer ahora? ¿Qué dice la rima?

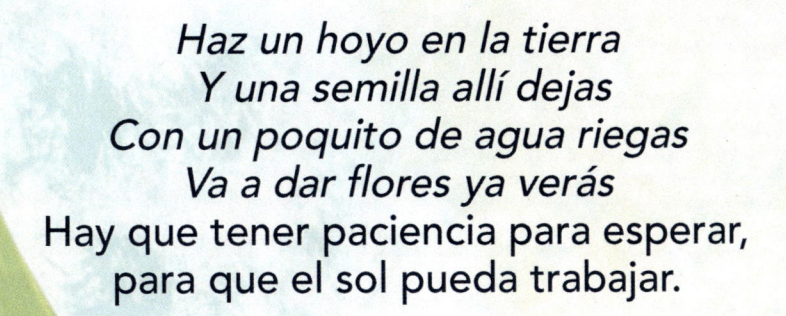

*Haz un hoyo en la tierra
Y una semilla allí dejas
Con un poquito de agua riegas
Va a dar flores ya verás
Hay que tener paciencia para esperar,
para que el sol pueda trabajar.*

Zoë puso las manos en la cabeza. "Oh Señor Tom, ¿por qué es tan caliente? Y cuando vamos a ver los flores rojas, blancas, rosadas y amarillas?"

El Sr. Tom estaba mirando directamente a la toma de agua y cuando Zoë se dio cuenta de esto... ella finalmente recordó: "Sr. Tom, creo que debemos dar a las plantas un poco de agua", gritó ella. "Eso es lo que la rima nos dice." Tomó un envase con agua y regó las plantas. Esto alegró a las plantas y las animó a crecer.

Zoë y el Sr. Tom visitaron al patio todos los días de calor para regar las plantas.

Pronto Zoë y Sr. Tom vieron algunos diminutos botones florales.

Los botones de las flores siguieron creciendo y después de unos días las plantas habían florecidas completamente. ¿Y sabes de qué colores eran?

SÍ! Rojas, blancas, rosadas y amarillas.

Juegos

Busca Los Que Van Junto

Maestros: Los niños dibujan una línea para que coincida con el objeto al otro lado.

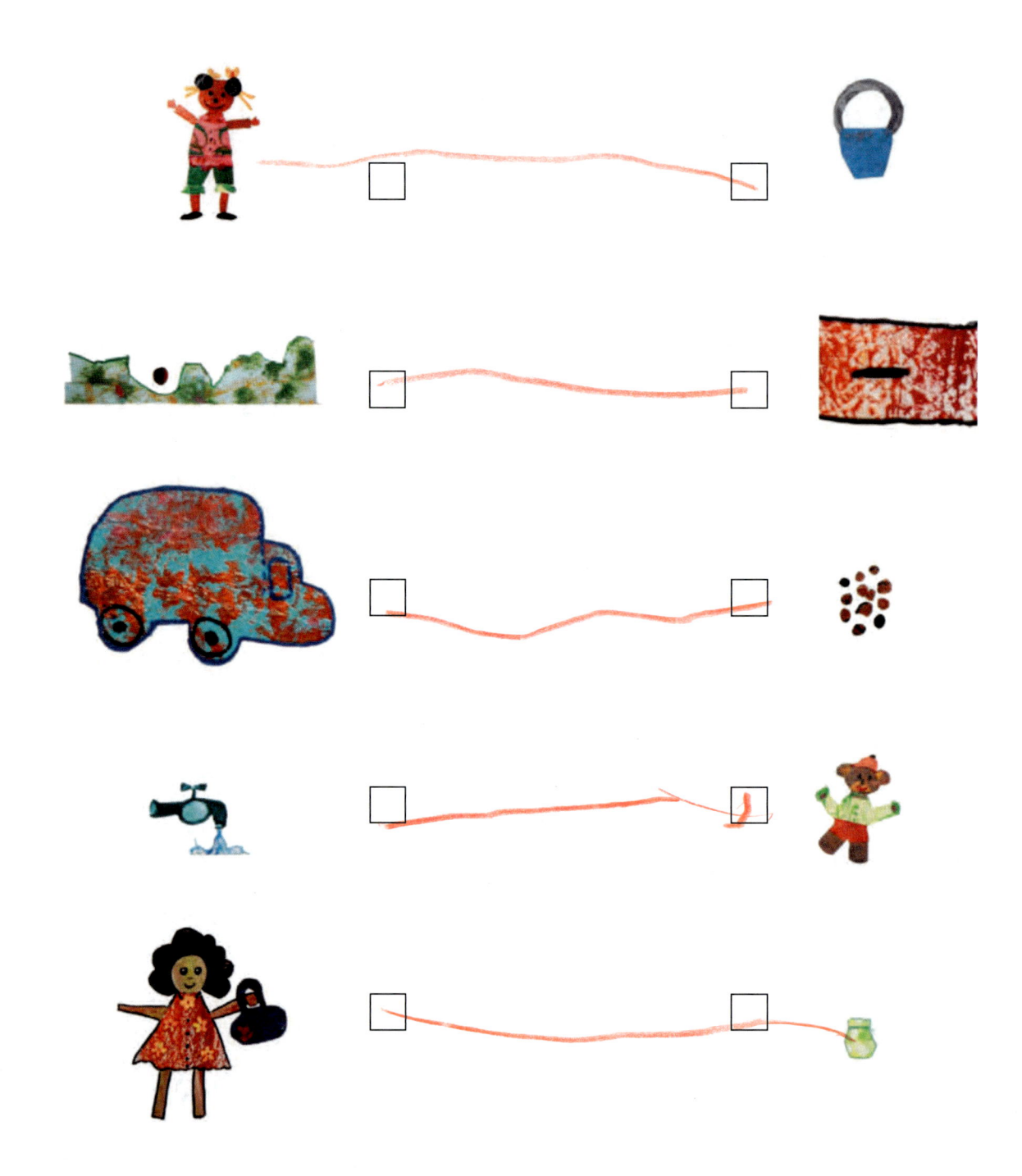

¿Dónde está el Sr. Tom?

Los niños viajan a través del laberinto para ayudar a Zoë encontrar a el Sr. Tom

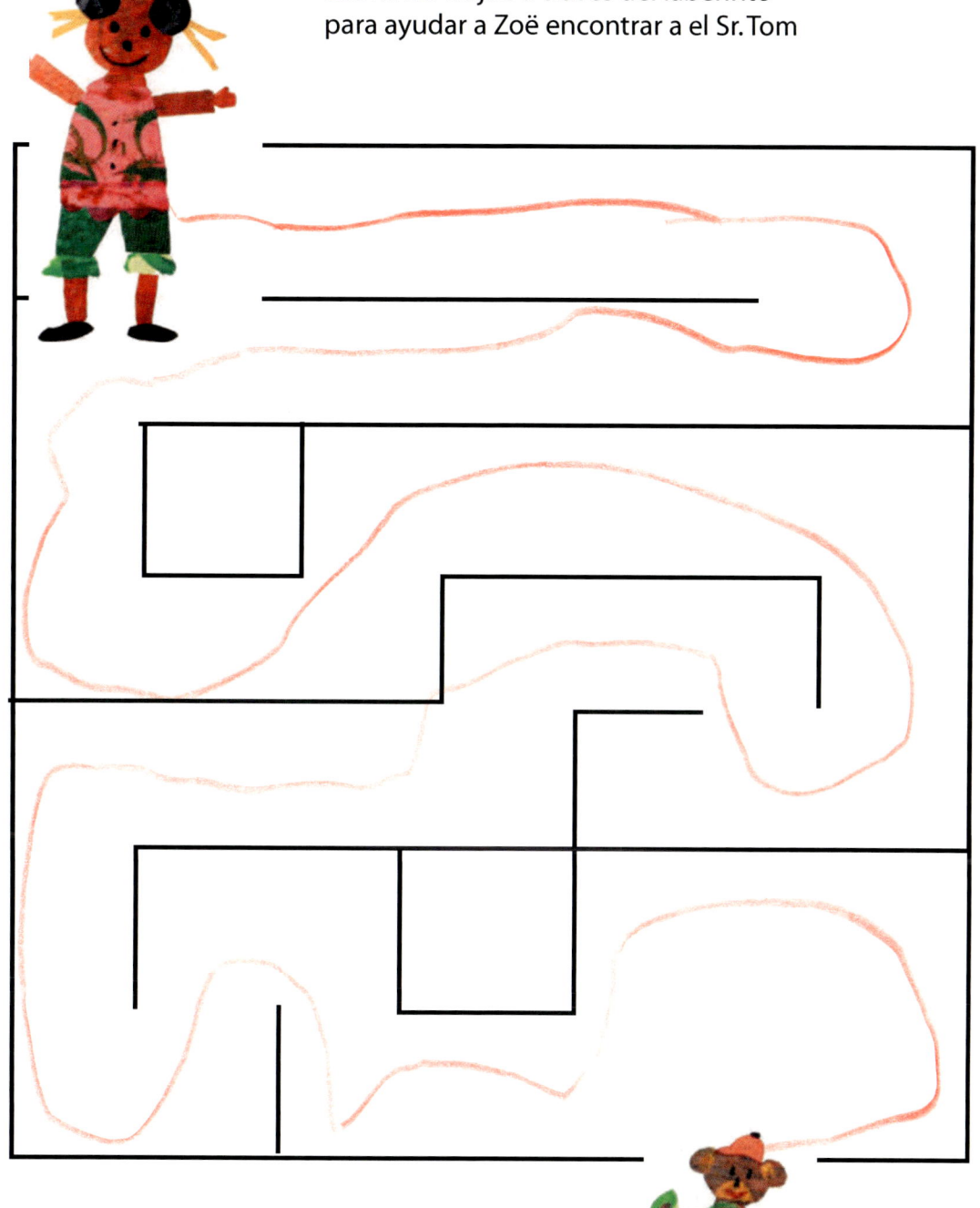

JUEGO de CORTE

Maestros y padres, hacen una copia del Sr. Tom y dejan que los niños recorten las piezas y hacen a el Sr. Tom.

Página para Colorear

La Búsqueda de Zoë

Ayude a Zoë y el Sr. Tom llenar el balde con agua

Memorizar la Biblia:

Enseñan una parte de esta historia bíblica a su pequeño y después de una semana él o ella será capaz de decirlo todo. Dale a él / ella el certificado. También puedes copiar este certificado y lo cuelgas en la habitación de él o ella.

Mateo 13: 3-8

La parábola del sembrador

Lunes:
3 Les dijo: «Un sembrador salió a sembrar. 4 Y al sembrar, una parte de la semilla cayó en el camino, y llegaron las aves y se la comieron.

Martes:
5 Otra parte cayó entre las piedras, donde no había mucha tierra; esa semilla brotó pronto, porque la tierra no era muy honda;

Miércoles:
6 pero el sol, al salir, la quemó, y como no tenía raíz, se secó.

Jueves:
7 Otra parte de la semilla cayó entre espinos, y los espinos crecieron y la ahogaron.

Viernes:
8 Pero otra parte cayó en buena tierra, y dio buena cosecha; algunas espigas dieron cien granos por semilla, otras sesenta granos, y otras treinta.

Los niños dibujan la flor la colorean.

Sr. Tom y Zoë
se complacen en darle un

Certificado

por la memorización
de los versos Bíblicos

_____

Zoe

Saved to Serve
Salvo para Servir

mr tom

Pueden bajar el certificado de sitio web: www.luisettekraal.com

Padres / Maestros:

Pregunte a los niños sobre el cuento que acabaron de oír.

Preguntas:

a. ¿Qué le dijo la Abuela de Zoë acerca del Sr. Tom?

b. ¿Por qué Zoë no quiere ir al parque?

c. ¿De qué color es la camisa del señor Tom?

d. ¿Qué color de flores quiere Zoë ver?

e. ¿De qué color es el bolso de la Abuela?

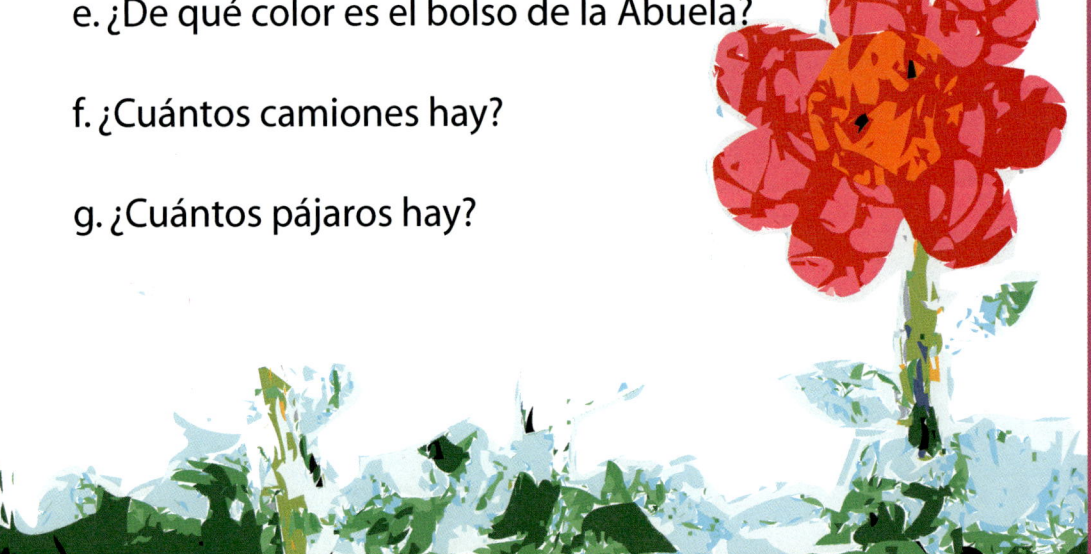

f. ¿Cuántos camiones hay?

g. ¿Cuántos pájaros hay?

Sobre el Autor

Hola, mi nombre es Luisette Kraal. Nací y crecí en la isla de Curaçao, en las islas Holandesas en el Caribe. Empecé a escribir cuando nuestros primeros hijos adoptivos, Brayen y Timmy, tenían dos y tres años de edad y nuestra hija Jo-Hanna uno. Escribí todas estas historias para ellos porque sentí la necesidad de explicarles la vida de una manera que pudieran entender.

Hice historias divertidas para enseñarles valiosas lecciones de vida. "Sr. Tom" es un oso que me ayudó a explicar mucho a los niños.

Sr. Tom le encanta ayudar a los niños. Ha ido al hospital con niños enfermos, a la escuela con los niños asustados, al parque de juegos en los días soleados y él es un copiloto, un taxista y un bombero. ¡Y él ayuda cuando es tiempo de limpieza después de jugar! ¡Es un oso chévere!

Mi hija, Jo-Hanna, nombró al oso, Sr. Tom como Tío Tom, quien fue un hombre esclavo negro valiente cuya historia les conté muchas veces.

Tengo un Maestría en Enfermería y una Maestría en Estudios Bíblicos y trabajo con mi marido en el Ministerio Salvo para Servir.

Mi marido es un predicador / pastor y actualmente vivimos en Chicago, donde servimos a la comunidad Hispana.

Pueden ir a mi sitio web www.luisettekraal.com para ver mis libros y más artículos que pueden intere-sarles. Pueden envíame un correo electrónico a **luisette.kraal@savedtoserveministries.com** con sus preguntas o comentarios.

Luisette Kraal comenzó a escribir cuando sus hijos adoptivos, Brayen y Timmy, tenian dos y tres años de edad y su hija Jo-Hanna fue una. "Escribí todas sus historias para ellos porque sentía la necesidad de explicar la vida a ellos de una manera que pudieran entender. Hice historias divertidas para enseñarles valiosas lecciones de vida. "Sr. Tom" es un oso que me ayudó a explicar mucho a los niños. Visita mi sitio web www.luisettekraal.com para más libros".
Luisette trabaja con su esposo Ed en el "Ministerio Salvo para Servir". Ed es un pastor/predicador.
Actualmente la familia vive en Chicago, donde sirven a la comunidad Hispana.

Les presento a Jo-Hanna, Ella era el modelo para Zoë. Mira su pelo. A ella le encanta esta historia. ¿Te gustó esta historia también? Espero que lo leas muchas veces.

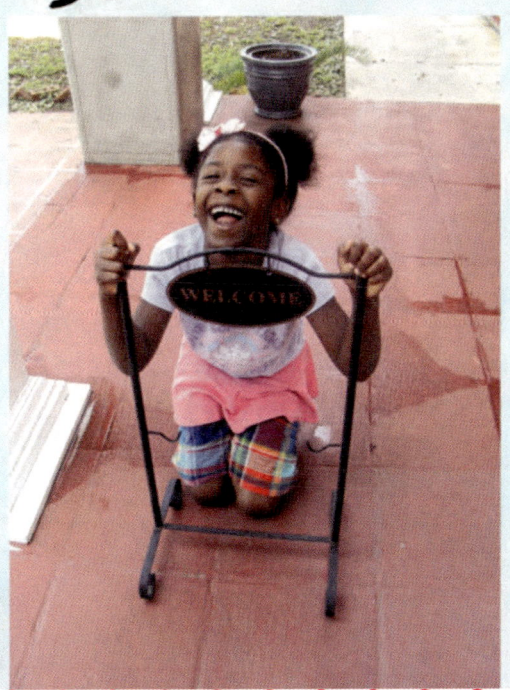

Made in the USA
Columbia, SC
24 September 2018